《中国传统文化教育读本》编写组　编

主　编　段守政

中国传统文化教育读本
——弟子规

河南大学出版社
HENAN UNIVERSITY PRESS

·郑州·

图书在版编目(CIP)数据

弟子规 /《中国传统文化教育读本》编写组编.
—郑州：河南大学出版社，2016.9(2017.8重印)
(中国传统文化教育读本)
ISBN 978-7-5649-2350-1

Ⅰ.①弟… Ⅱ.①中… Ⅲ.①古汉语－启蒙读物
Ⅳ.①H194.1

中国版本图书馆 CIP 数据核字(2016)第 233569 号

责任编辑	程新晓　林方丽	责任校对	付会娟
封面设计	郭　灿		

出版发行　河南大学出版社
　　　　　地址:郑州市郑东新区商务外环中华大厦 2401 号　邮编:450046
　　　　　电话:0371－86059701
　　　　　网址:http://www.hupress.com
排　　版　郑州金点图文设计有限公司
印　　刷　郑州市毛庄印刷厂
版　　次　2016 年 9 月第 1 版　　　　　　印　次　2017 年 8 月第 2 次印刷
开　　本　787mm×1092mm　1/16　　　　印　张　8.25
字　　数　107 千字

ISBN 978-7-5649-2350-1　　　　　　　　定　价　19.00 元

（本书在编写过程中，参考引用了一些资料、图片，取得了原作者的大力支持，在此谨表感谢，但因一些作者的地址不详，我们无法取得联系。敬请各位作者与我们联系，以便做出妥善处理。）

前　言

　　传统文化是一国文化之根源，历朝历代的文化积累和传承，让中国文化自成体系，融会贯通。而文学经典作为其主要媒介，世代相继。因此，即使相隔千百年，其蕴含的精神内核和文化意义依旧根植在每一位国人的血液里。传统文化经典拥有浓厚的中国文化底蕴，每一位学子都应对其进行品读、感悟、求索……做一个有文化底蕴、有学识素养的中国人。

　　鉴于传统文化经典与我们隔着漫长的岁月，有些阅读者已经不能流畅地阅读、准确地把握其中的意义。为了帮助读者更好地掌握传统文化，我们特编辑了本套《中华传统文化教育读本》。本书有以下特点。

　　一、版本权威，原文经典

　　国学经典原文经过专家学者精心审订，提供给读者最为准确的文本，根据文意区分段落，便于读者理解原文。

　　二、大字注音，精细注释

　　我们采用大字注音的形式编排全文，一方面可以保护学生的视力，另一方面也有助于他们自主阅读。另外，我们还对其中的疑难字句加以注释，并且注释力求简明扼要，读者可据此反复诵读，加深理解。

三、全文翻译，对照理解

为了帮助读者实现无障碍阅读，更好地理解作品，除了对疑难字句加以注释外，我们还倾注了大量心血对原文进行翻译。译文力求浅显明白，便于记忆，以帮助读者把握语句之意，加深语感。

四、故事链接，提高兴趣

经典国学内容丰富，语义深刻。为了使读者更好地理解其中的深奥意义，我们有针对性地在文后增加了一些趣味故事链接。这些与内容密切相关的故事不但有助于学生理解原文，而且能让他们积累知识、增长见识，更能提升他们的阅读兴趣。

同学们，我们中国被称为"礼仪之邦"，养成正确的礼仪习惯是每一个中国人的责任和义务。同学们，认真阅读本书有助于你们加深对传统文化的了解，养成良好的行为习惯，对你们的语文学习一定会大有裨益。

《中国传统文化教育读本——弟子规》一书由段守政担任主编，负责全书的策划通稿，各章节参编人员分工如下：第1至17课由杨月芳编写，第18至33课由周丽芬编写，第34至47课由石建云编写。

目 录

第一课	3
第二课	7
第三课	9
第四课	11
第五课	13
第六课	15
第七课	17
第八课	19
第九课	21
第十课	23
第十一课	27
第十二课	29
第十三课	31
第十四课	33
第十五课	35
第十六课	38
第十七课	40
第十八课	43

弟子规

第十九课 …………………………………………… 45
第二十课 …………………………………………… 47
第二十一课 ………………………………………… 49
第二十二课 ………………………………………… 51
第二十三课 ………………………………………… 53
第二十四课 ………………………………………… 56
第二十五课 ………………………………………… 58
第二十六课 ………………………………………… 60
第二十七课 ………………………………………… 65
第二十八课 ………………………………………… 68
第二十九课 ………………………………………… 70
第三十课 …………………………………………… 73
第三十一课 ………………………………………… 75
第三十二课 ………………………………………… 77
第三十三课 ………………………………………… 79
第三十四课 ………………………………………… 85
第三十五课 ………………………………………… 88
第三十六课 ………………………………………… 90
第三十七课 ………………………………………… 92
第三十八课 ………………………………………… 95
第三十九课 ………………………………………… 98
第四十课 …………………………………………… 103
第四十一课 ………………………………………… 105
第四十二课 ………………………………………… 111
第四十三课 ………………………………………… 113
第四十四课 ………………………………………… 115
第四十五课 ………………………………………… 117
第四十六课 ………………………………………… 119
第四十七课 ………………………………………… 122

总　叙

第一课

弟子规 圣人训①
首孝弟② 次谨信③
泛④爱众 而亲仁⑤
有余力 则⑥学文

注 释

①训：教导，教诲。

②孝弟：孝，孝敬父母；弟，敬爱兄长。

③谨信：谨慎并且守信。

④泛：广泛，普遍。

⑤仁：一种含义极广的道德概念，这里指有仁德的人。

⑥则：就。

译 文

《弟子规》这本书，是依据至圣先师孔子的教诲编成的生活规范。首先，在日常生活中，要做到孝顺父母，友爱兄弟姐妹；其次，在一切日常生活言语行为中要小心谨慎，要讲信用。

和大众相处时要平等博爱，并且亲近有仁德的人，向他学习，这些都是很重要非做不可的事。如果做了这些之后，还有多余的时间和精力,就应该好好学习六艺等其他有益的学问。

故事链接

代父从军

花木兰是北魏人,她"代父从军"的故事在中国妇孺皆知。

时值太武皇帝时期,北方的游牧民族柔然族不断南下骚扰,北魏政权规定每家出一名男子上前线。

但是花木兰的父亲年纪大了,弟弟年纪又小,都不能参军从征,而上面又催逼得紧,所以花木兰决定女扮男装,替父从军。花木兰从军十二年,竟然没有一个人发现她是一名女子。

花木兰在战场上英勇善战,建立了卓越的功勋,得到皇帝的召见和嘉奖。花木兰面对名利却从容淡泊,只要求皇帝批准她解甲回乡,侍奉年迈的父母。

入 则 孝

第二课

父母呼　应①勿缓

父母命②　行勿懒③

父母教④　须敬听

父母责⑤　须顺承⑥

注　释

①应：应答。

②命：指派，差遣。

③懒：懒惰。

④教：教诲，教导。

⑤责：批评，责备。

⑥承：接受，承受。

译　文

父母呼唤，应及时应答，不要慢吞吞地很久才应答。父母有事交代，要立刻动身去做，不可拖延或推辞偷懒。

父母教导我们做人处事的道理，我们应该恭敬地聆听。做错了事，父母责备教诫时，应当虚心接受，不可强词夺理，使父母生气、伤心。

弟子规

故事链接

孟母断机

　　孟子小时候厌倦学习,有一天不愿读书,临近放学时就逃回了家。孟母正好在织布,见他逃学回来,一句话没讲,就把织的布给剪断了,这意味着马上将要织成的一匹布全毁了。孟子非常孝顺,忙跪下来问:"您为什么要这样?"孟母告诉他:"读书求学不是一两天的事,就像我织布,必须从一根根线开始,然后一寸一寸地才能织成一匹布,而布只有织成一匹了才有用,才可以做衣服。读书也是这个道理,如果不能持之以恒,像你这样半途而废、浅尝辄止,以后怎能成才呢?"孟子如梦初醒、恍然大悟,从此一心向学,再也不随便旷课,后来继孔子而成为"亚圣"。

第三课

dōng zé wēn
冬则温　　xià zé qìng
夏则凊①

chén zé xǐng
晨则省②　　hūn zé dìng
昏则定

注　释

①凊：冷，凉。
②省：问候，探望。

译　文

子女侍奉父母要用心体贴，冬天要让父母感到暖和，夏天要让父母感到凉爽。早晨起床，一定要先看望父母，并向他们请安问好；傍晚回来了，一定要向父母报平安，使他们放心。

故事链接

黄香温席

东汉时期，江夏地区有个叫黄香的小孩子，年纪才九岁，可是十分懂事孝顺。到了夏天，天气炎热，蚊虫繁多。小黄香觉得父母每日操劳太辛苦，于是每天父母还在劳作的时候，他就给父母搭好蚊帐，铺好凉席，把嗡嗡叫的蚊子都赶跑，然后用蒲扇一下一下地扇风，让枕头和席子都清凉。这样，每天父母上床睡觉时都能凉爽舒适，不受蚊虫干扰了。

弟子规

等到大雪纷飞的冬天,屋子里冷得像冰窖。小黄香自己冻得哆哆嗦嗦,但是他看到父母还出门干活儿,在冻成冰的河里洗衣服,就暗下决心要好好对父母。到了晚上,吃过晚饭,父母还在忙碌的时候,他就钻到父母的被子里,把被子焐暖和了,再请父母上床睡觉,而他再钻回自己冰冷的被子里。

父母见到黄香这么懂事,心中无比欣慰。左右邻居也都连声赞叹,羡慕黄家出了个大孝子。就这样,黄香的事迹一传十,十传百,传到了京城,人们都说"天下无双,江夏黄香"。

黄香长大后做了官,历任郎中、尚书郎、尚书左丞,又升任尚书令。不论在什么位子上,黄香都是勤于政务、一心为公,加上他治理军政有方,受到了汉和帝的嘉奖。黄香的儿子黄琼、曾孙黄琬,都官至太尉,闻名于天下。

第四课

chū bì gù　　　fǎn bì miàn
出 必 告　　　反① 必 面
jū yǒu cháng　　yè wú biàn
居 有 常　　　业 无 变

注释

①反：同"返"，指回家。

译文

出门前要先告诉父母一声，让他们知道你去哪里了；回家后也要去见一下父母，让他们知道你回来了而感到安心。日常生活、起居作息，要有一定的规律；对于所从事的职业，不随便改变。

故事链接

陆绩怀橘遗亲

后汉时期的陆绩，是当时的天文学家。他自小受父亲高风亮节的熏陶，深懂忠义孝悌之道。

陆绩聪明伶俐，酷爱读书，博学多识，人称"神童"，颇有名气。六岁那年，他去九江拜见大名鼎鼎的袁术，一点儿也不怯场。袁术提的问题，他侃侃而谈，不卑不亢。袁术惊叹小陆绩的才学，破例给他赐坐，还命人端来一盘橘子。那橘子圆圆的，大大的，皮色金黄，肉肥汁多，味道极美。陆绩悄悄地往怀里塞了两个,在场的人谁也没有注意到。

　　一席长谈,袁术对小陆绩的才华非常满意。当他向袁术拜别时,怀中的橘子滴溜溜滚到了地上。袁术开始吓了一大跳,以为那是什么"秘密武器",待看清那不过是橘子时,不禁哈哈大笑:"陆绩呀陆绩,今天你是我的贵客,怎么还偷橘子呢?"陆绩不慌不忙,跪地答说:"我想拿回家去给母亲尝个新鲜。"他振振有词,神色自若,一点也不显得难堪。因为在他心目中,母亲是伟大而神圣的,儿子孝顺母亲,天经地义,没有什么见不得人的。袁术听了陆绩的回答,惊奇不已,意识到陆绩将来肯定是个不同凡响的人物。后来,果真如此。

第五课

事虽小 勿擅为①
苟② 擅为 子道亏③
物虽小 勿私藏④
苟私藏 亲心伤

shì suī xiǎo　wù shàn wéi
gǒu　shàn wéi　zǐ dào kuī
wù suī xiǎo　wù sī cáng
gǒu sī cáng　qīn xīn shāng

注　释

①为：做。

②苟：假如。

③亏：欠缺，短少。

④私藏：私自藏匿。

译　文

事情虽然很小，也不要擅自为之而不禀告父母；如果任性而为，就有损为人子女的本分，让父母担心，这就是不孝的行为了。

东西虽然很小，也不能偷偷地藏起来据为己有；如果真的私藏了，品德就有了缺陷，父母知道了，心里一定十分难过。

弟子规

故事链接

陶母还鱼

东晋时期的陶侃早年死了父亲,家境贫寒,寡母靠纺纱织布抚养他,并努力供他读书,教给他做人处事的道理。

陶侃年轻时曾在江西浔阳县做县吏,负责看管捕鱼,而母亲这时还在老家辛勤操劳。陶侃心中不忍,一次派人给母亲送去一瓦罐咸鱼干。陶母高高兴兴地打开坛子,看到是一坛咸鱼干,立刻将坛口封好,请人原样带回,并且还写了一封信给他。

陶侃接到信后,羞愧难当。原来母亲在信中写道:"你当了县吏,是吃公家饭的,你又私自拿公家的东西给我,你认为我会因此高兴吗?这反倒增添了我的忧虑啊。"陶侃听从母亲教诲,从此再不做假公济私的事情。

之后,陶侃无论到哪里,都因为清正廉明、尽忠职守而受人称赞。后来,陶侃成为征西大将军,被封长沙郡公,荣宠极盛。

第六课

qīn suǒ hào
亲所好① 　　lì wèi jù
力为具②

qīn suǒ wù
亲所恶　　jǐn wèi qù
谨为去③

shēn yǒu shāng
身有伤　　yí qīn yōu
贻④亲忧

dé yǒu shāng
德⑤有伤　　yí qīn xiū
贻亲羞⑥

注　释

①好：喜爱。

②具：置办，准备。

③去：除去，去掉。

④贻：遗留。

⑤德：德行，道德。

⑥羞：感到羞耻。

译　文

父母所喜爱的东西，做子女的都应尽力准备齐全。父母所厌恶的事物，要小心谨慎地去除（包括自己的坏习惯）。

要爱惜自己的身体，不要使身体轻易受到伤害，因为如果身体受了伤害，会让父母担忧。要遵守道德，如果做了不道德的事，会让父母感到羞耻。

故事链接

鹿乳奉亲

郯子是我国东周时期郯国这个小国家的国君,他的孝名远近传播。他的父母已年迈,都患了很严重的眼疾,为此,郯子非常焦急,为了救治父母的病他想方设法四处求医。

他听医生说,治这种病最好的办法是食用鹿乳。但是,鹿乳在市场上买不到,到哪儿去找呢?即使到深山里去找,鹿见到人,早一溜烟儿逃走了!怎么办呢?郯子冥思苦想,终于想到了一个办法。他化了装,找来一张鹿皮披在身上,还在头上安了假角,然后趴在地上左蹦右跳的,远远看去,极像一头顽皮的小鹿。郯子就这样扮成小鹿,学着鹿走路,学着鹿"呦呦"地叫,骗取鹿的信任,混进了鹿群中,取母鹿的乳汁给父母亲治病。

有一次,混在鹿群中的郯子忽然发现林中有一支箭对准自己,顿时意识到那是猎人的箭,猎人并不知道他是"一只假鹿"。慌忙中他赶紧站起来,迎着利箭大喊:"别射!别射!我是人!我是来取鹿奶回去孝敬父母的。"猎人仔细一看,原来真的是一个人,幸好没有射箭。猎人得知郯子取鹿乳的事后非常感动,就帮他一起挤出鹿奶,并护送他出山。从此,郯子鹿乳奉亲的孝顺故事也成了千古佳话,流传至今。

第七课

qīn ài wǒ
亲爱我　　xiào hé nán
孝何①难

qīn zēng wǒ
亲憎②我　xiào fāng xián
孝方贤

注　释

①何：疑问代词，什么。

②憎：讨厌，憎恨。

译　文

如果父母疼爱我，那么我孝顺父母，并不是一件难事；如果父母讨厌我，我却还能用心尽孝，那才算得上难能可贵。

故事链接

芦衣顺母

春秋时期的闵损（公元前536年～公元前487年），字子骞，鲁国人，是孔子七十二弟子之一。闵损以德行修养而著称，他的孝悌更为当时的人们所称颂。

闵损早年丧母，父亲续娶，后母又生了两个弟弟。后母视闵损为眼中钉，经常在父亲面前说他的坏话，挑拨他们父子俩的关系。闵损明知后母搬弄是非，但他装作不知情，也不与后母争辩。有一年冬天，后母给两个弟弟缝制了厚厚的棉衣，给闵损做的棉衣里塞的却是芦花。芦花御寒作用极差,闵损常常冷得蜷作一团。一天,父亲要出远门,让闵损为他赶车。当时寒风凛冽,闵损握缰绳的手被冻得失去了知觉,缰绳掉到地上。父亲见状,以为他睡意未消,气得举起鞭子朝闵损抽去,当即把闵损的棉衣抽破,里面的芦花柳絮般飞了出来。父亲看到闵损的棉衣竟是这样单薄,而且里面装的尽是芦花,望着连冻带吓而瑟瑟发抖的闵损,他明白了一切。

回到家后,父亲斥责了后母,然后又去写休书。闵损见状,忙跪下来对父亲说:"有母亲在,只有我一个人受冻,如果母亲走了,家里的三个孩子都得挨冻。万望父亲留下母亲!"后母见闵损以德报怨,羞愧难当,从此把闵损当作亲生儿子一样。

第八课

qīn yǒu guò　　jiàn shǐ gēng
亲有过①　　谏②使更③

yí wú sè　　róu wú shēng
怡④吾色　　柔⑤吾声

jiàn bú rù　　yuè fù jiàn
谏不入　　悦复⑥谏

háo qì suí　　tà wú yuàn
号泣随　　挞⑦无怨

注释

①过：过错。

②谏：规劝，劝谏。

③更：更改。

④怡：使……喜悦、快乐。

⑤柔：使……柔和。

⑥复：再。

⑦挞：鞭打。

译文

父母有过错的时候，做子女的一定要劝说，让他们改正。劝说的时候，脸色要温和愉悦，话语要柔顺平和。

如果父母听不进去劝说，那就等他们心情好的时候再劝。哪怕最后要哭着苦苦哀求，甚至挨打，心中也应该毫无怨言。

故事链接

秀贞劝母救妹

明朝时有一个孝女杨秀贞,家中有姐妹三人,没有兄弟。只有女儿没有儿子,这让秀贞父母很是焦躁,只盼着肚子里的这个是儿子。谁知道,第四个生下来还是个女儿。

杨秀贞的母亲气坏了,要把这个女婴溺死。当时杨秀贞已经十三岁了,不忍母亲做这种伤天害理的事情,连忙抱起妹妹向母亲下跪哀求。母亲说家中人口众多,养个女儿以后还要发愁她的嫁妆。秀贞便哭着说:"母亲您要是为了想要儿子就杀女儿,这样越发得不到儿子啊。如果您为妹妹以后的嫁妆烦恼,那您就把我的陪嫁都留给妹妹吧。"

祖母见状,破口大骂秀贞不懂事。秀贞流泪禀告祖母:"祖母您天天念佛吃斋,一心向善,现在却见死不救,那您天天念佛又有什么用呢?"

听到这样的诘问,祖母也明白过来,于是留下了这个女婴。两年后,秀贞的母亲果真生下了一个大胖小子。

传说秀贞的母亲在生产之时,秀贞的父亲梦见她死去的祖父托梦说:"如果第四个女儿溺死了,杨家是铁定不会生儿子的。"人们都说,是因为秀贞当初跪下来哀求,孝心和仁义之心感动了上天,所以上天才会赐给杨家一个儿子。

第九课

亲有疾① 药先尝②
昼夜③侍④ 不离床

注释

①疾:病。
②尝:品尝。
③昼夜:白天和黑夜。
④侍:伺候,侍奉。

译文

当父母生病时,做子女的熬好药后,要先尝尝是否太凉或太烫;不论白天黑夜,都应该侍奉在父母身边,不能随意离开父母的病床。

故事链接

刻木事亲

东汉时期的丁兰是河内(今河南黄河北)人。丁兰很小的时候,父母双亲相继病故,他成了一个孤儿,饱尝了人间的酸甜苦辣。每当看到别的人家上尊下孝,共享天伦,便常常念及父母的养育之恩。为此,他用木头雕刻了父母的形象,供奉于厅堂,

弟子规

作为一种安慰和寄托。

平日里,他像父母在堂一样,对待木像毕恭毕敬、虔诚恭顺。凡事都与木像商量,出门必向木像辞别,回家必向木像请安,从不懈怠。有趣的是,每日三餐丁兰都是先敬木像之后,自己与妻子才动筷子。时间长了,丁兰视木像如亲生父母,感情异常深厚。

丁兰的妻子见他对一双木像如此虔诚,对自己反倒有些冷淡,十分不解。日子久了,她对木像不但少了许多恭敬,反而添了几分醋意。一天,妻子趁丁兰外出,便好奇地用一根针去戳木像的手指,想看看木像到底会有什么反应。说来也怪,被针刺过的木像手指居然有血流出。丁兰回来后,看到木像眼里含泪,脸色酸楚,像是有很多哀怨。他赶紧询问妻子发生了什么事情,妻子未加隐瞒,以实相告。丁兰听后怒发冲冠,一气之下将妻子休回了娘家。

第十课

丧①三年　　常悲咽②

居处变　　　酒肉绝

丧尽③礼④　祭尽诚

事⑤死者　　如事生

弟子规

注　释

①丧：死亡。

②咽：哽咽，哭泣。

③尽：竭尽，尽力。

④礼：礼仪。

⑤事：侍奉，服侍。

译　文

父母去世了，要守丧三年，守丧期间，要常常追思、感怀父母教养的恩德；生活起居也要变得简朴，并戒除喝酒、吃肉等生活享受。

办理父母的丧事要依照礼仪，不可草率，祭祀时要尽到诚意；对待已经去世的父母，要像父母生前一样恭敬。

故事链接

卖身葬父

东汉时期的董永是千乘（今山东高青县北）人。董永幼时丧母，与父亲相依为命。父子俩早出晚归，拼命劳作，不料还未等攒下什么产业，父亲却被累倒，几经医治，最终还是被病魔带走了。为了医治父亲的病，家里已经一贫如洗，连给父亲买棺材的钱都没有。董永看着无法入土的父亲，哭得死去活来。最后，他咬咬牙，决定卖身葬父。

一个有钱的员外买下了他，并答应等他为父亲守孝三年后，去员外家做长工抵债。董永用卖身得来的钱给父亲办了丧事，然后在父亲墓前搭了一间草棚，虔诚地为父亲守孝。天帝知道了董永卖身尽孝的事情，深受感动，决定派自己的女儿下凡帮助董永。三年后的一天，董永赴员外家践约，途经一棵老槐树时，遇到了一位自称无家可归的女子，她要求嫁给董永为妻，并甘心与他一同去员外家抵债。员外见董永没有违约，还带来了一位心灵手巧的女子，便用计想让二人做他家的终身奴仆。他告诉董永："你们若能织出三百匹细绢，就可赎身回家。"怎知那女子心灵手巧，一个月后便将细绢织成，员外只得眼睁睁看着董永带着妻子高高兴兴地离去。

出则弟

第十一课

xiōng dào　　yǒu　　dì dào gōng
兄道①友　　弟道恭②

xiōng dì　　mù　　xiào zài zhōng
兄弟③睦　　孝在中

注 释

①道：道义，准则。

②恭：恭敬，尊重。

③兄弟：指兄弟姐妹。

译 文

当哥哥姐姐的要爱护弟弟妹妹，做弟弟妹妹的要尊敬哥哥姐姐，这样兄弟姐妹就能和睦，父母心中也就快乐，在这和睦当中就存在孝道了。

故事链接

弟子规

玄成让位

汉代时有一位大儒，名字叫韦贤，他以敬爱兄长著称，他的儿子们也都具有尊兄爱弟的好品质。

韦贤博学多能，被封为扶阳侯。他有四个儿子，长子叫方山，次子叫弘，三儿子叫舜，小儿子叫玄成。玄成任大河都尉的官职。韦弘担任太常丞，主管宗名祭祀，不仅事务重，而且容易获罪。因长子韦方山早逝,韦贤打算让次子韦弘作自己的继承人。

但韦弘天性以谦让为德,不肯离开太常丞的职位。待到韦贤病重,韦弘获罪,被捕入狱。家人假借韦贤的名义,上疏朝廷,说让玄成继承职位。

后来,韦玄成知道原委,不愿接受。于是,他便装疯。父亲的丧事完毕,按说玄成应继承父亲的爵位,但是他以病狂为由,拒绝接受。朝廷百官都怀疑玄成的所作所为是有意将爵位让给哥哥,便有人上疏朝廷进行弹劾。

事隔不久,皇帝下达诏书,不准弹劾玄成,并且亲自召见他。玄成无可奈何,只得遵从君命,承袭了父亲的爵位。

第十二课

cái wù qīng
财物轻①

yuàn hé shēng
怨何生

yán yǔ rěn
言语忍

fèn zì mǐn
忿②自泯③

注 释

①轻：看轻。
②忿：愤怒，怨恨。
③泯：消失。

译 文

在金钱物质上看轻点儿，少计较，就不会产生怨恨；言语能够包容忍让，伤感情的话要能忍住不说，那么不必要的冲突和怨恨就会消失。

故事链接

弟子规

煮豆燃萁

　　三国时期的魏文帝曹丕，与弟弟曹彰、曹植，皆为曹操与卞太后所生之子。兄弟三人各有所长：大哥曹丕颇有文采；二弟曹彰勇力过人，力大无比；三弟曹植才高八斗，名动天下。

　　曹操去世后，曹丕继承王位，大权在握，没有想到要同兄弟相亲相爱，反倒忧心忡忡，担心他们夺了自己的帝位。于是，曹丕诱骗任城王曹彰吃毒枣而死。太后闻知,解救不及,痛哭流涕,又命曹丕许诺,唯恐曹丕又害了小儿子曹植。

曹丕虽然当时不得动手,但是心中一直怀恨,总想除掉曹植。他绞尽脑汁想出一个办法,对曹植说,天下人都说你才高八斗,今天让你在七步之内作出一首诗来,作不出来,那就是徒有其名,欺骗世人,当处以重刑。

曹植心如刀绞,他缓缓踱了两步,作诗道:"煮豆持作羹,漉菽以为汁。萁在釜下燃,豆在釜中泣。本是同根生,相煎何太急?"

曹丕听了,心中又是羞惭又是恼恨,无可奈何,只得挥挥手让曹植走了。而曹植这比喻兄弟相煎的《七步诗》自此便流传下来,成为后世人的警戒。

第十三课

<pre>
huò   yǐn shí   huò zuò zǒu
或①饮食   或坐走
zhǎng zhě xiān   yòu zhě   hòu
长者②先   幼者③后
zhǎng hū   rén   jí dài   jiào
长呼④人   即代⑤叫
rén bú zài   jǐ   jí dào
人不在   己⑥即到
</pre>

弟子规

注 释

①或:表示列举。

②长者:年纪大的人。

③幼者:年龄小的人。

④呼:喊,叫。

⑤代:代替,代劳。

⑥己:自己。

译 文

不管是喝水、吃饭,还是落座、行走,都应该谦虚礼让,长幼有序,要懂得年长者优先,年幼者在后的道理。

长辈呼叫别人时,自己听见了,要替长辈去传唤。如果所叫的人不在,自己应当回来禀告长辈,进一步询问长辈,有没有需要帮忙的事情。

故事链接

糟糠之妻

明朝江苏无锡一带有一个叫夏诚明的人,家中贫困,一家人过着清苦的日子。刚好赶上荒年时,一家人累死累活还挣不够口粮,夏诚明只好上外地找工,挣回工钱来养家。

壮劳力出了门,上有年迈的公婆,下还有嗷嗷待哺的幼儿,妻子王氏独自操持全家。

王氏日夜不停地纺纱织布,贴补家用,可是依旧入不敷出。王氏于是每天做两种饭食,给公婆备好饭菜,让公婆和孩子吃,自己总是推说吃过了或者是待会儿再吃,从来不上桌。

公婆心生疑惑,觉得每天吃的粗茶淡饭,连半点儿油星都见不到,会不会是儿媳妇将儿子寄回来的工钱都藏起来了?

有一天,婆婆趁王氏收拾碗筷的时候进了厨房,看到王氏正偷偷地吃东西。婆婆以为这下可逮到儿媳妇吃独食了,逼着儿媳妇把手里藏着的东西拿出来。王氏无奈,只得松开手,手心里只有一个野菜加糟糠揉成的硬邦邦的团子。

婆婆见此情景,忍不住流下泪来。

后来王氏活到了八十多岁,没有病痛,在睡梦中安静地过世了。她过世那天晚上,家里人梦见敲锣打鼓的队伍迎接王氏走了。

王氏的至孝名声为乡里人所称颂,乡里有一位贡生,每一次从王家经过,必定在门外敬礼三次,方才恭敬走开。

第十四课

chēng　zūn zhǎng
称① 尊长　

wù hū míng
勿呼名

duì zūn zhǎng
对尊长　

wù xiàn néng
勿见② 能③

注 释

①称：称呼。
②见：同"现"，表现，炫耀。
③能：才能。

译 文

称呼长辈时，不可以直呼姓名；在长辈面前要谦虚有礼，不要炫耀自己的才能。

故事链接

信陵君敬老

信陵君是战国时期的"四公子"之一。虽然他的势力很大，有门客上千人，但是信陵君却是个敬老爱贤的人。

有一次，他听说有一个看城门的老人侯嬴很有贤德，就登门拜访，希望将人才招到麾下。为了体现对侯嬴的敬重，他不但亲自出马，还将马车上尊贵的位子空出来留给侯嬴。

侯嬴也知道信陵君的名声，就想试一试信陵君是不是真的

弟子规

敬老爱贤。于是，他故意表现得非常傲慢。哪知，侯嬴越是傲慢，信陵君越是恭敬。最终，侯嬴被信陵君的诚意所打动，痛快地做了他的门客。

第十五课

路遇长　疾①趋②揖③

长无言　退恭立

骑④下马　乘⑤下车

过⑥犹待　百步余

弟子规

注　释

①疾：快速。

②趋：礼貌性地小步快走，表示尊敬。

③揖：拱手行礼。

④骑：指骑着马。

⑤乘：指乘坐在车上。

⑥过：走过去。

译　文

走路时遇见长辈，要赶紧走上前去行礼问候。如果长辈没有话和自己说，就退在一旁恭恭敬敬地站着，等待长辈离去。

在路上遇见长辈，如果自己骑着马，就应该下马；如果乘坐的是车辆，就应该下车，让长辈先过去。等长辈离我们百步开外以后，我们才能上马或上车。

故事链接

汉明帝敬师

刘庄是东汉光武帝刘秀的第四子。刘庄被立为皇太子后，光武帝拜谦恭有礼、宽厚有涵养、学识渊博的桓荣为太子少傅，负责教授太子。

后来刘庄登基即位，即汉明帝，依旧待桓荣以师礼，对其非常尊敬。桓荣当时任太常之职，掌管宗庙礼仪和选试博士，已经年逾八十了。他自认为已经衰老，多次上书请求辞职，汉明帝总是不允许，并且每次都对他增加赏赐。

汉明帝到太常府时，总是让老师桓荣坐西面东，以示对老师的尊敬，因为当时视居西面东为尊位，并且设置好几案手杖，像以前一样聆听老师教诲。这也是后来很多人又将授业之师尊称为"西席"的原因。

汉明帝还召集文武百官以及桓荣教过的数百名学生到太常府，并且亲自捧书向老师桓荣求教，每次开口总是先说"大师在此"。请教完毕，汉明帝会将太官供品用具全部都赏赐给桓荣家。

永平二年，汉明帝为照顾年老致仕的桓荣，拜其为五更。每次祭祀礼仪完毕，汉明帝总是请桓荣和其弟子升堂，然后自己捧着经书以自问自答的方式向桓荣求教，后来又封桓荣为关内侯，封邑五千户。

每次桓荣生病，汉明帝都专程派使者前去慰问，以致在通往桓荣家的道路上经常能看到太官和太医。桓荣病重时，汉明帝亲自到他家中探望他的起居状况,在走到桓荣家所在的街道时,便下车步行,以示尊敬。进门后,捧着经书来到桓荣面前,流着眼泪抚慰桓荣,并赐给他床褥、帷帐和衣被等物品,很久时间才离去。从此以后,文武百官来询问病情的,都不敢再乘车到桓荣家门前了,并都在床下拜见。

桓荣去世后,汉明帝亲自穿起孝服,亲临丧礼并送葬,将首山的南面赐给他作为墓地,并且安置善待他的家人。

弟子规

第十六课

长者立① 幼勿坐

长者坐 命②乃③坐

尊长④前 声要低

低不闻⑤ 却非宜⑥

进必趋 退必迟⑦

问起对⑧ 视勿移⑨

注 释

①立：站，立着。

②命：命令。

③乃：才。

④尊长：长者，长辈。

⑤闻：使……听到。

⑥宜：适宜，妥当。

⑦迟：慢。

⑧对：回答。

⑨移：移动。

译 文

如果长辈还站着,晚辈不应先坐下;长辈坐定后,允许我们坐下才可以坐下。

在长辈面前讲话,声音要压低,语调柔和适中表示尊重;但声音低到让人听不清楚,那就不妥当了。

去见长辈时要快步向前,等到告退时,动作稍慢一些才合乎礼节;长辈问话时,要站起来回答,眼神注视长辈,不要左右移动。

故事链接

诚心所致

唐朝时,有位名人,名叫裴度。他先是任山南西道节度使,后因战功、政绩都很卓著,被召入宫中,出任宰相要职,主持政务。

裴度入宫主持政事的时候,皇上还年幼无知,骄横任性。由于儿童天性,皇帝很少过问政事,也懒得见大臣议事。

裴度感觉长此以往,必出大事,便去觐见皇上,真切地对皇上说:"天下的人都知晓皇上处理朝政很是勤奋用心,可是两月以来,陛下召见大臣的次数日渐减少,因此有人担心将会有更多的公事被耽搁了。我希望皇上能趁着天气凉爽多上几次朝。臣殷切盼望陛下能够采纳。"

裴度言语真诚,说完后又恭敬地退出宫去,留时间让皇上思考。皇上见裴度如此心诚有礼,自己心中很是惭愧,便决定痛改前非。

第十七课

shì zhū fù
事诸父①   如事父 rú shì fù

事诸兄②   如事兄 rú shì xiōng

注 释

①诸父：指伯父和叔父。
②诸兄：同族兄长。

译 文

侍奉叔叔伯伯，要像对待自己的父亲一样恭敬；对待同族兄长，要像对待自己的胞兄一样友爱。

故事链接

皇甫谧孝婶母

三国时的皇甫谧从小过继给叔父做儿子，皇甫谧很孝顺婶母，可惜不爱读书。有一天，他摘了一些瓜果回家送给婶母，婶母叹了口气说："你即使每天送肉给我，也算不上孝顺。你今年二十岁了，不走正道，让我怎么放心得下呢？从前，孟子的母亲搬了三次家，曾子为了教子忍痛宰了小猪。可你现在这个样子，难道是我做错了什么吗？"皇甫谧听了深受感动，当即向婶母发誓，决心求学上进。后来，皇甫谧终于成了一个有学问的人。

谨

第十八课

朝①起早　　夜眠迟
老易②至　　惜③此时

注　释

①朝：早上。

②易：容易。

③惜：珍惜。

译　文

早上要尽量早起，晚上要晚点儿睡觉，因为人生的岁月很有限，少年人一转眼就成老年人了，所以我们要珍惜现在宝贵的时间。

故事链接

弟子规

凿壁借光

西汉时期的匡衡是个穷人家的孩子，从小受苦，没条件去上学，但是他特别喜欢读书。

村子里有一位老先生，家中藏了很多圣贤书。匡衡于是主动要求给老先生做工，什么工钱都不要，只求老先生能够每天借一本书给他看。老先生看他这么好学，便答应了。

就这样，匡衡白天在老先生家做工，放工了便揣一本书回家看。可是匡衡家特别穷，连买灯油的钱都没有，家里人都是天一黑就睡下了。匡衡睡不着，好不容易借来了书，没办法看怎么成？

一天晚上，匡衡忽然发觉墙上有一丝光线，仔细观察，原来是邻居家的光透过墙壁的缝隙射过来了。邻居家每天都要纺纱织布，晚上也要点起油灯干活儿。匡衡于是偷偷把那一条缝隙挖大了一些，成为一个小洞。

每天晚上，邻居家纺纱织布，匡衡就靠在墙边，借助洞里射过来的光线看书，一直看到深夜。邻居家灯灭了，他才合上书本睡觉。

匡衡这样几年如一日刻苦攻读，将老先生家的书都读完了，学问越来越大，后来做了汉元帝的丞相。而匡衡"凿壁借光"的事情也被周围人传扬开去，成为子弟们学习的榜样。

第十九课

晨必盥① 兼漱口

便溺②回 辄③净手

冠④必正 纽⑤必结

袜与履⑥ 俱紧切

注 释

①盥：浇水洗手，泛指洗。

②便溺：排完大小便。

③辄：立即，就。

④冠：帽子。

⑤纽：衣服上可以扣系的部分。

⑥履：鞋。

译 文

每天早上起床必须要洗脸，还得漱口刷牙；解完大小便后，要立即把手洗干净。

帽子要戴端正，衣服的纽扣要扣好；袜子要穿好，鞋带注意系紧。

弟子规

故事链接

看人取样

明朝嘉靖年间,北京城里有一个裁缝,他善于根据穿衣人的性格、年龄、相貌以及身材,来取长定样。

一次,有一位御史大夫要赶制一件进宫穿的朝服。于是,御史便把这位裁缝请到了家中。

这位裁缝手脚麻利地为他量好了身腰尺寸,接着很有礼貌地问御史:"你出任官职有多少年了?"

御史很不解,反问道:"你把衣服做好就行了,还问这个干什么?"

裁缝耐心地解释说:"大人如果年轻而任高职,一定性格高傲,走起路来就会挺胸凸肚,裁制衣服的时候就要前长而后短;如果做官已近半百,意气就会变得比较平和,衣服就要做得前后一般长;如果做官太久,已有隐退之意,那么大都会意气消沉,走起路来难免会弯腰曲背,衣服应当做得前短而后长。所以,如果我不弄明白这些问题,怎么能够做出让您称心合体的衣服呢?"

第二十课

置①冠服　有定位
勿乱顿②　致污秽
衣贵③洁　不贵华④
上循⑤分⑥　下称⑦家

弟子规

注释

①置：放置。

②顿：安置。

③贵：以……为贵。

④华：华丽。

⑤循：依据，遵循。

⑥分：等级，身份。

⑦称：相称，合适。

译文

帽子和衣服应当放在固定的位置，不要随手乱丢乱放，以免弄皱弄脏。

穿衣服注重的是整齐清洁，而不是追求衣服的昂贵华丽；要依照自己的身份穿衣，也要考虑家庭的经济状况。

故事链接

正气压邪气

唐朝的时候，三品以上的官员才能穿紫色的衣服，五品以上的官员才可穿绯红色的衣服。

武则天当政时，南海进贡了一件焦翠裘。它用翠鸟的毛加工制作而成，很是华贵。武则天便将它赏赐给最爱的宠臣张昌宗。一天，张昌宗披着焦翠裘，陪着武则天玩博戏，宰相狄仁杰要进宫奏事。

武则天为使宠臣与相臣联络感情，就让二人共同玩博戏。狄仁杰说："赌博不能没有彩头。臣以连胜三局为条件，赌昌宗身上的毛裘。"

武则天说："那你的赌注呢？"

狄仁杰指了指自己穿的粗绸紫袍，说："就以此为赌注吧！"

武则天笑笑说："你不知道这毛裘值千金，你那袍子能值几个钱呢？"

狄仁杰说："臣的袍子可是大臣的官服，昌宗的毛裘只是非正式的衣服，和臣的官袍对赌，不合算吗？"张昌宗本就惧怕狄仁杰，又听了这一番话，心虚胆寒，三局连输。

狄仁杰马上脱了他的毛裘，向武则天谢了恩，一出宫门，就扔给了家奴回府。狄仁杰赢在正气压邪气，赢在紫袍所代表的身份和地位。

第二十一课

对饮食　　勿拣择①

食适可　　勿过②则

年③方少　　勿饮酒

饮酒醉　　最为丑④

注　释

①拣择：挑选，选择。

②过：超过。

③年：年纪，年龄。

④丑：丑陋。

译　文

对饮食不要挑剔，不能偏食；吃东西要适可而止，不要吃过量。

年纪还小的时候，不能喝酒；成年人喝酒也不要过量，喝醉了丑态百出，最容易犯错失态。

故事链接

张九龄的风度

张九龄是唐朝著名的诗人,也是一位优秀的政治家。张九龄容貌清秀、衣冠整洁,走在路上总显得风度翩翩、与众不同。所以,每当朝廷有重要的朝会,在众人中间,他总是很显眼,连皇帝对他的举止都赞赏不已。

同一位衣着整洁而且有风度的人在一起,我们就会觉得愉快,感到精神焕发。相反,同一个不讲卫生又很粗俗的人在一起,就会感到很难受。所以,一个人的威仪很重要。我们的古圣先贤们对一个人的行、走、坐、卧等方面的威仪都有很好的教诲,标准是:立如松,行如风,坐如钟,卧如弓,道法自然最自然。

我们从小就要养成良好的习惯。懂得礼仪,自己就有了威仪。这样不仅对自己的健康有好处,还会在将来的学习、工作、家庭待人接物中得到更多益处。

第二十二课

bù cóng róng　　　　lì duān zhèng
步从容　　　立端正

yī shēn yuán　　　　bài gōng jìng
揖深圆①　　　拜②恭敬

wù jiàn　yù　　　　wù bǒ yǐ
勿践③阈④　　　勿跛倚⑤

wù jī jù　　　　　wù yáo bì
勿箕踞⑥　　　勿摇髀⑦

弟子规

注　释

①深圆：行礼时把身子深深地弯下。

②拜：古代一种表示敬意的礼节。

③践：踩踏。

④阈：门槛。

⑤跛倚：偏倚，站得不正。

⑥箕踞：坐时两腿伸直叉开，形如簸箕，是一种不拘礼节、傲慢不敬的坐法。

⑦髀：大腿。

译　文

走路时要从容不迫，站立的姿势要端正；作揖行礼时要把身子深深地弯下，跪拜时要毕恭毕敬。

进门时不要踩到门槛，站立时身子不要歪曲斜倚；坐着时双腿不要叉开像簸箕，也不要摇摆和抖动大腿。

故事链接

长孙俭谨守自重

长孙俭本名庆明，北周人，出生在河南一带。他从小就品性高洁、态度端正、不苟言笑，没有普通少年的那种张扬和浮夸。哪怕是在自己家里，他也依旧稳重端庄，邻居亲戚逗引他，他也不失礼仪。

后来长孙俭入朝做官，曾经和群臣一起坐在魏文帝身边陪侍，其他群臣皆不如他谨守自持。他的严谨风范深得魏文帝的赞赏与敬佩，文帝对左右的人说："这位尊公举止沉静文雅，我每次和他说话，总会肃然起敬，生怕自己有所失态。"文帝甚至还给他赐名为俭，以表扬他高洁的操守。

那时西魏刚刚收复了荆州地区，文帝命长孙俭统领三荆等十二州。荆州地区在当时还属于方外之地，民风民智未开，年轻人目无尊长。长孙俭到了荆州，以身作则，辛勤劝导。在他的努力下，荆州地区的风貌大为改观。当地官吏和百姓一起上书请求为长孙俭建清德楼，立碑赞颂他。

第二十三课

huǎn   jiē lián
缓① 揭帘②

kuān   zhuǎn wān
宽③ 转弯

zhí xū qì
执虚⑤器

rù xū shì
入虚室⑦

wù yǒu shēng
勿有声

wù chù léng
勿触棱④

rú zhí yíng
如执盈⑥

rú yǒu rén
如有人

注　释

①缓:慢,缓慢。

②帘:门帘。

③宽:有余地。

④棱:器物的棱角。

⑤虚:空的。

⑥盈:满的器皿。

⑦虚室:没人的屋子。

译　文

进门的时候要慢慢地揭开帘子,尽量不发出声响;走路转弯的时候要转大点儿,不要碰到有棱角的地方。

手拿空的器具,要像拿着里面盛满东西的器具一样小心;进到没人的屋子里,要像进到有人的屋子里一样谨慎,不可以随便。

弟子规

故事链接

祢衡击鼓骂曹

祢衡是东汉年间著名的大才子，自小就闻名于乡里，但是他个性孤高，喜欢指摘时弊，不大瞧得起别人，唯独同孔融和杨修关系很好。

孔融当时因才学得到曹操的赏识，趁势向曹操举荐祢衡。谁知道祢衡瞧不上曹操，居然称病不去，不仅如此，还时常口出狂言贬低曹操。曹操心中十分愤恨，但是祢衡才名在外，不好动手。

曹操听说祢衡擅长击鼓，就召他为掌管鼓的官吏，想在宾客面前让祢衡出丑。其他击鼓的人都要换上专门的服装才能演出，独有祢衡依旧穿着自己的服装上场。祢衡演奏了一曲《渔阳》，鼓曲悲壮凄凉，在座所有人听后都感慨万千。

小吏上前呵斥祢衡为何不换衣服，祢衡毫不畏惧，当场袒胸露腹换上专门服装，神色丝毫不变，这让曹操十分尴尬。

孔融听说这事，要祢衡去向曹操道歉。谁知道祢衡没有去见曹操，反而坐在军营门口厉声大骂曹操，气得曹操暴跳如雷。曹操知道祢衡这样肯定处处得罪人，但是自己又不想动手杀他，于是将他送给刘表。

刘表一向佩服祢衡的才气和名声，对他十分敬重。但是祢衡不加节制，肆意妄为，辱骂、轻慢刘表，刘表逐渐无法忍受。可是刘表也不想杀他，知道江夏太守黄祖性情急躁，又把祢衡送给黄祖。

黄祖一开始也能善待祢衡,但祢衡仍旧率性妄为,让黄祖非常难堪。黄祖一时气急,便下令杀掉祢衡。黄祖的主簿也很痛恨祢衡,于是立刻拔剑杀掉了他。黄祖事后无比后悔,厚葬了祢衡。祢衡死的时候不过二十六岁。

弟子规

第二十四课

事勿忙① 忙多错
勿畏②难 勿轻略③
斗闹场④ 绝⑤勿近
邪僻事⑥ 绝勿问

注 释

①忙：匆忙。

②畏：害怕。

③轻略：轻慢，草率。

④斗闹场：打斗哄闹的场所。

⑤绝：戒，杜绝。

⑥邪僻事：乖戾不正的事情。

译 文

做事不要匆匆忙忙，匆忙就容易出错；遇到该办的事情，不要怕困难而犹豫退缩，也不要轻率随便地敷衍了事。

打斗哄闹的场所，不要靠近逗留；对于邪恶不正当的事情，不要好奇地去追问。

故事链接

欲速则不达

一个冬天的傍晚,书生周容打算从小港进入镇海县城。周容在前面走,吩咐小书童用木板夹好捆扎好的一大沓书在后跟随。

两人出发的时候,太阳已经下山,四周人家屋顶上都冒起了炊烟。周容估计着离县城还有两里路,看见前头有一个摆渡的艄公,于是上前询问:"请问您,我这时候还赶得及进城吗?"那艄公仔细打量了周容身后的书童,回答说:"如果慢慢走,南城的城门应该还开着;如果急匆匆地赶路,那肯定就等不及城门开了。"

周容听了很是生气,以为艄公在戏弄他,于是大步往前走,边走边催促书童赶紧跟上。书童挑着一担书,本来就走不快,这时又着急赶路,一不小心就跌了一跤,捆扎的绳子断了,书也散落一地。小书童呜呜哭着,半天没爬起来。等到两人手忙脚乱地把书收拾好重新捆扎起来,南城门早就上了锁了。

书生周容这才领悟到艄公为什么会跟他说那样一番话。世间事,许多是因为急躁鲁莽反而把事情办坏了,所谓"欲速则不达"就是这个道理。

第二十五课

jiāng rù mén　　　wèn shú cún
将①入门　　问孰②存③

jiāng shàng táng　　shēng bì yáng
将上堂④　　声必扬

rén wèn shéi　　　duì yǐ míng
人问谁⑤　　对⑥以名⑦

wú yǔ wǒ　　　　bù fēn míng
吾与我　　　不分明

注　释

①将：将要，快要。

②孰：疑问代词，谁。

③存：在。

④堂：前室，正厅。

⑤谁：(你是)谁。

⑥对：回答。

⑦名：姓名。

译　文

　　快要进入大门时，应先问一下："有人在吗？"将要走进厅堂时，声音要高一些(要让厅堂里的人知道有人来了)。

　　有人问你是谁时，回答时要说出自己的名字；如果只说"吾"或"我"，对方就分不清你到底是谁。

故事链接

心平气和的刘铭传

刘铭传是清廷选派驻台湾的总督。当李鸿章将刘铭传推荐给曾国藩时,还一起推荐了另外两个人。

曾国藩为了测验他们三人中谁的品格最好,便故意约他们在某个时间到曾府去面谈。可是到了约定时间,曾国藩却故意不出面,让他们在客厅等候,暗中仔细观察他们的态度。

只见其他两位都显得很不耐烦似的,不停地抱怨,只有刘铭传一个人安安静静、心平气和地欣赏墙上的字画。后来曾国藩考问他们客厅中的字画,只有刘铭传一人答得出来。结果刘铭传被推荐为台湾总督。

弟子规

第二十六课

<pre>
yòng rén   wù   xū míng   qiú
用 人 ① 物   须 明 ② 求

tǎng bú wèn   jí wéi tōu
倘 不 问   即 为 偷 ③

jiè rén wù   jí shí huán
借 人 物   及 时 还

hòu yǒu jí   jiè bù nán
后 有 急   借 不 难
</pre>

注 释

①人：他人。

②明：公开，光明正大。

③偷：偷盗，偷窃。

译 文

我们要使用别人的物品，必须事前对人讲清楚；如果没有得到允许就拿来用，那就是偷窃的行为。

借用他人的物品，用完了要及时归还，以后若有急用，再借就不难。

故事链接

宋濂借书

宋濂是明代的大学问家,他一生写了很多著作,还曾担任过太子的老师。

宋濂的父亲就是个读书人,家中有不少藏书。宋濂在父亲的影响下,自小便酷爱读书,他下定决心要把家里的藏书都读完。小宋濂说到做到,再也不贪玩了,每天坚持在家读书。就这样,花了六年的时间,他终于读完了家里所有的书。

读完这些书之后,宋濂对书的渴望越发强烈了,他迫切想读更多的书。听说乡里许多富户家中藏书颇丰,宋濂便上门去请求人家借书,但是没人愿意把书借给这个穷小子。

又有一次,宋濂到一个富户家借书,这家人本来也不愿意借给他,但是又不好意思回绝,只好说十天之内一定要将书还回来。但是宋濂借的这本书内容很庞杂,十天之内根本就读不完。对方以为宋濂会知难而退,不借这本书了,谁知道,宋濂却答应十天内归还。这家人只好不情不愿地把书借给宋濂。

到了第十天,一大清早就刮起了呼呼的北风,天上飘着鹅毛大雪。宋濂记得自己答应过的话,一爬起来就抱着书向富户家中跑去。本来富户家看到这样的天气,认为宋濂今天是铁定不会来还书了,看到宋濂抱着书来,十分惊喜。宋濂恭恭敬敬地将书递给对方,虽然天上飘着大雪,但是书因为抱在怀里,一点儿都没被打湿。这个富人深受感动,当即告诉宋濂,以后只要想看书,可以随时来借。

弟子规

信

第二十七课

fán chū yán　　xìn wéi xiān
凡出言　　信①为先

zhà yǔ wàng　　xī kě yān
诈与妄②　　奚可焉③

huà shuō duō　　bù rú shǎo
话说多　　不如少

wéi qí shì　　wù nìng qiǎo
惟④其是　　勿佞巧⑤

jiān qiǎo yǔ　　huì wū cí
奸巧⑥语　　秽⑦污词

shì jǐng qì　　qiè jiè zhī
市井气⑧　　切戒之

弟子规

注释

①信：言语真实，诚实。

②妄：荒诞，无根据。

③奚可焉：怎么可以呢！奚，疑问代词，何。焉，语气词。

④惟：只有。

⑤佞巧：善于察言观色，花言巧语骗人。

⑥奸巧：（待人、说话）冷酷无情，过分苛求。

⑦秽：肮脏。

⑧市井气：街头无赖不好的习气。

译 文

凡是开口说话,首先要讲信用;欺骗或花言巧语,又怎么可以!

话说得多不如说得少,言多语必有失;凡事讲求实实在在,不要讲那些不合实际的花言巧语。

刻薄挖苦的言语、肮脏不雅的词句,以及街头无赖之徒俚俗的习气,都要切实戒除。

故事链接

曾子杀猪

春秋时代的圣人孔子开门讲学,收了七十二弟子,其中有一个叫曾参的,为人严谨,刻苦学习,严格按照圣贤的道德标准来要求自己,在学问上也有所成就。

每天晚上休息之前,曾参总会花一定时间来思考、反省自己这一天的所作所为。他会给自己提几个问题,譬如:我这一天到底做了什么有意义的事情,做了什么没有意义的事情,做错事情了吗?给人做事是不是尽心尽力了?与朋友交往是不是诚信了?

寒来暑往,曾参日日如此,从不间断,不但严格要求自己,还以实际行动来影响、教育他的儿子。

有一回,曾参的夫人要去赶集,可是儿子哭闹着拽住她的衣角,非要跟着去。曾夫人便哄儿子说:"乖啊,你先回去,等我回来了就杀猪宰肉给你吃。"儿子这才破涕为笑地放她出门了。

曾夫人刚从集市回来，曾参便到猪圈里去赶猪。夫人问他要干什么，曾参说去杀猪。

　　夫人急坏了，说："我不过是跟孩子说的一句玩笑话，你用不着当真。"曾参严肃地对妻子说："你同小孩子是不能开玩笑的。小孩子没有辨别是非的能力，不能思考，父母教导他们什么，他们就会接受什么。现在你这样欺骗儿子，就是在教他将来去欺骗别人。要是母亲欺骗了孩子，孩子就不会再相信母亲了。这不是教导孩子的正确方法。"

　　说完，曾参还是去猪圈里提了一头猪，杀了煮肉给孩子吃。

弟子规

第二十八课

见未①真② 勿轻言
知未的③ 勿轻传
事非宜④ 勿轻诺⑤
苟⑥轻诺 进退错

注 释

①未：没有。

②真：真相。

③的：确实。

④宜：合适，适宜。

⑤诺：许诺，答应。

⑥苟：假如。

译 文

还未看到事情的真相，不要轻易发表意见；对事情了解得不够清楚，不要轻易将之传播出去。

（如果别人要你做的）事情不合适，就不要轻易答应；如果轻易答应了，就会使自己进退两难。

故事链接

道听途说

战国时期,齐国有一人名叫艾子。有一次,他遇到了一个叫毛空的人,毛空是一个爱说空话的人,所以别人就喊他"爱说空话的人"。

毛空向艾子说:"你知不知道,有一户人家的一只鸭子一次下了一百个蛋呢。"

艾子对毛空的话非常怀疑,于是对毛空说:"这不可能!"

毛空想了想说:"是两只鸭子一次下了一百个蛋。"

艾子说:"这也不可能。"

毛空迟疑了一下,又说:"大概是三只鸭子吧。"

艾子还是不信。

毛空便一次又一次地增加鸭子的数目,一直加到十只。

艾子便说:"你把鸭蛋的数目减少一些不行吗?"

毛空说:"那不行!宁增不减。"艾子感到非常无奈。

然后,毛空又向艾子说:"那你知不知道,上个月,天上掉下一块肉,有十丈宽,十丈长。"

艾子对此不屑一顾,说:"哪有这事,不可能的。"

毛空又说:"那大概有二十丈长吧。"

艾子忍不住问道:"世上哪有十丈长、十丈宽的肉呢?还是从天上掉下来的。掉到什么地方?你见过吗?你刚才说的鸭子又是哪一家的?"

毛空低下了头,说:"这些都是我从街上听来的。"

弟子规

第二十九课

<pre>
fán dào   zì   zhòng qiě shū
凡 道① 字   重② 且 舒
wù jí jí   wù mó hu
勿 急 疾   勿 模 糊
bǐ shuō cháng   cǐ shuō duǎn
彼③ 说 长   此④ 说 短
bù guān jǐ   mò xián guǎn
不 关 己   莫⑤ 闲 管
</pre>

注 释

①道：说话。

②重：指发音吐字清楚。

③彼：那人。

④此：这人。

⑤莫：不要。

译 文

说话吐字时，要口齿清晰而且声音舒缓；不要说得太快太急，也不要说得含糊不清。

遇到别人谈论他人的是非好坏时，如果与自己无关，就不要多管闲事。

故事链接

论短长　造口业

民间传说中有这样一种说法,传说犯了深重罪孽的,死后要堕入十八层地狱。阎罗王为地狱之首,属下的十八位判官分别主管十八层地狱。

十八层地狱中的第一层,也就是最轻微的一层,就是拔舌地狱。如果一个人在世间做了挑拨离间、诽谤害人、油嘴滑舌、巧言相辩、说谎骗人之类的事情,死后就要被打入拔舌地狱。小鬼们会掰开死人的嘴,用铁钳夹住舌头,生生拔下,非一下拔下,而是拉长,慢慢拽出。生前的所有罪孽在这里都会得到偿还,受罪的时间根据在世所造的口业而定。

据说河北沧州有一个姓蔡的瞎子,每次半夜经过南山楼的楼下,就有一老先生邀请他弹唱对饮。渐渐地,两人熟稔起来,老先生偶尔也到蔡家共饮。他自称姓蒲,江西人,因为卖瓷器到沧州来。

时间久了,蔡瞎子发现那位蒲先生根本就不是人,而是山里的精怪变化而成。但是两人相谈甚欢,言语颇为契合,所以蔡瞎子也不忌讳,依旧同他交往如常。

有一天,乡里有个人因为涉及邪淫致牵连诉讼。大众议论纷纷,有人说确有其事,有人说此人清白,全属诬陷。蔡瞎子跟蒲先生谈论时说起此事,就问他:"你既通灵,必定知道其中的真情,何不说来听听。"

蒲先生听到这话,十分生气,说:"我辈修道之人,岂可干

弟子规

预、探听人家的隐私？一般说来，房间是秘密之地，即使男女在其中幽会、见面，外人实在难以了解其中正邪的真情。所以旁人多是穿凿附会、捕风捉影，根本无法得知内情。然而，人们多以自己的臆想为真，添油加醋，相互谣传，所谓一犬吠影，百犬吠声是也。你要知道，这样谈论别人的是非就是在造口业。我这种修道之人参与了，多年的修为被减损。像你等凡人说长道短，造下口业，以后也是要堕入拔舌地狱的。"

蔡瞎子听了，连连称是，以后再也不敢议论他人的是非短长了。

第三十课

见人善　即思齐①
纵②去远　以渐跻③
见人恶④　即内省⑤
有则改　无加警⑥

注　释

①齐：向……看齐。

②纵：即使，纵然。

③跻：登，上升。

④恶：坏，不好。

⑤省：反省。

⑥警：警惕。

弟子规

译　文

看见他人的优点和好的行为，心中就要有向他看齐的好念头；即使目前还差得很远，只要肯努力就能渐渐赶上。

看见他人有不良的行为时，立刻反省自己；如果自己也犯了同样的过错，就立刻改掉，如果没有，就要警告自己不要犯了同样的过错。

故事链接

助人为非　损福取祸

　　明代的杨开是丹阳县的县令，个性非常暴躁、蛮横。杨询是他的幕僚，个性奸巧、谄媚，善于揣摩杨开心意，事事顺从，以博其欢心。因此，有时明明知道杨开做错了，也不敢去忤逆他。凡是杨开的所作所为，杨询只是赞叹做得很好很对而已。有一天，杨开下令杖责衙门里面办事不力的官员以及牢中的犯人，一共杖责了四十几人，其中有两个被打死了，杨询竟然还从旁称赞说："打死了，很好啊！"晚上杨询就梦到神明呵斥他："你帮助杨开作恶，应该与杨开同罪！"不久，杨询就身染恶疾而死。

　　帮助他人为非作歹，成就别人的恶事，不能够引导他人向善，都算是助人为非。那么报应必然是免不了的啊！吉祥和喜庆都远远地避他而去，而灾难和祸殃就都跟随而来。所以人们应该要知道善恶因果这个道理，懂得有所选择，择善而从，导人以正，切莫助人为非。

第三十一课

唯^①德学　　唯才艺^②
不如人　　当自砺^③
若^④衣服　　若饮食
不如人^⑤　勿生戚^⑥

弟子规

注释

①唯：只有。

②才艺：才能和技艺。

③砺：磨刀石，引申为"磨炼"。

④若：表示列举。

⑤不如人：比不上别人。

⑥戚：忧伤，悲戚。

译文

要重视自己的品德、学问和才能技艺的培养，如果有不如别人的地方，就应该自我督促，奋发图强，努力赶上。

而像自己穿的衣服和吃的食物等不如他人时，切勿放在心上，更不必忧伤、郁闷。

故事链接

阮咸晒衣

阮咸是西晋著名的文学家、音律学家，才学过人，品德高尚，与嵇康、阮籍、山涛、向秀、刘伶、王戎并称"竹林七贤"。

阮家在当时是一个大家族，族中有贫有富。以一条街道为限，道北边是高门大户，住的都是阮姓中富贵的人家，道南边是低棚矮墙，住的是阮姓中的穷人。阮咸一家就住在道南边。虽然他自小家贫，吃穿用度都不如人，但是他从不为此感到自卑。

当时有一个风俗，就是在每年阴历七月初七那一天天晴的时候，家家户户都要把家中的衣服拿出来晾晒。据说这时节雨季过去了，太阳正毒，晾晒之后衣服不会被虫子咬。

可是这个晾晒会却变成了炫富大会，北街的富户们纷纷开箱取出精致华贵的衣服晾晒。漂亮衣服在太阳底下闪闪发光，晃得人睁不开眼睛。见到富户们的阵势，南街的穷人们实在不好意思把自家的破衣烂衫拿出来晾晒，怕招人耻笑。

阮咸却不搭理这一套，他拿了根竹竿，把自己缝了又缝的破衣烂衫用竹竿挑起来，也晒在路旁。人们见到他晾晒破衣服，纷纷来观看，指指点点，但他毫不在意。他认为，富贵不是什么资本，贫穷也没什么好丢脸的，一个人有才有德才能立足于世。

当时的士人以"相交满天下"而自豪，阮咸不喜欢同人结交，哪怕是达官贵人到家中拜访，他也不怎么理会。他经常在家与族中亲朋一起饮酒作乐，高兴的时候就弹琴唱歌。他精通音律，很多乐器到他手上就如同有了魔力，能奏出天籁之声，有一种古代琵琶即以"阮咸"为名。

第三十二课

wén guò nù　　wén yù lè
闻过①怒　　闻誉②乐

sǔn yǒu lái　　yì yǒu què
损友来　　益友却③

wén yù kǒng　　wén guò xīn
闻誉恐　　闻过欣

zhí liàng shì　　jiàn xiāng qīn
直谅④士　　渐相亲

注　释

①过：错误。

②誉：赞誉。

③却：退却。

④谅：诚信，信实。

译　文

听见别人说自己的过错就生气，听到别人称赞自己就高兴，这样，不好的朋友就会越来越接近自己，而真正的良朋益友就不敢和我们在一起了。

如果听到别人称赞自己，先自我反省，生怕自己没有这些优点，只是徒有虚名；当听到别人批评自己的过错时，心里却欢喜接受，这样，正直诚实的人就会越来越喜欢和我们亲近。

故事链接

唐太宗纳谏

唐太宗李世民执掌朝政几十年,创下了"贞观之治"这样的盛世。太宗贤明果断,能够虚心接受臣子的意见和建议,努力修正自己的行为。贞观十八年,太宗对群臣道:"现在我想听听自己有何过失,你们要畅所欲言,专谈我的缺点。"

大臣们纷纷说:"陛下以恩德教化,使天下太平,何过之有?"太宗环顾群臣,只见侍中刘洎站出来说:"陛下圣德的确如众臣所言,但是最近有人上书,陛下觉得不满意,当面质问,上书的人只好羞惭退下。这样不是鼓励群臣进言的道路。"太宗听后非但没发怒,反而高兴地说以后一定改正。

有一次,太宗怒气冲冲地回宫,嘴里念叨着要杀掉那个"乡巴佬"。皇后听到大惊,问太宗要杀谁。太宗说魏征总是在朝堂上给他难堪。皇后赶忙向太宗道喜,说魏征之所以当面直言,是因为陛下有容人之量。明君手下才会出贤臣,这是陛下的幸事。

太宗听后仔细思量,觉得皇后的话非常正确,于是更加励精图治,虚心纳谏。虽然魏征进谏经常会让太宗下不了台,但是太宗当时生气,事后还是会认真思考,听取魏征的正确意见。魏征入朝为官几十年,先后向太宗进谏了两百多次,每一回太宗都慎重地思考他所提的意见,尽量采纳。

魏征死后,太宗如丧考妣,恸哭长叹:"以铜为镜,可以正衣冠;以古为镜,可以知兴替;以人为镜,可以明得失……魏征殂逝,遂亡一镜矣……"

第三十三课

wú xīn fēi
无心① 非②

míng wéi cuò
名为错

yǒu xīn fēi
有心非

míng wéi è
名为恶③

guò néng gǎi
过能改

guī yú wú
归于无④

tǎng yǎn shì
倘掩饰

zēng yì gū
增一辜⑤

弟子规

注释

①无心：无意间，没有心思。

②非：错误。

③恶：罪恶。

④无：没有。

⑤辜：罪。

译文

不是有心故意做错的，称为"过错"；若是明知故犯的，便叫作"罪恶"。

如果犯了过错能勇于改正，就会越改越少，渐渐归于无过；如果故意掩盖过错，那反而又增加了一项过错。

故事链接

周处除三害

三国时候吴国义兴阳羡有个周处,父亲是鄱阳太守。周处从小骄纵,还不到二十岁就横行乡里,经常骑马游猎,毁坏庄稼房屋。四方百姓见了他都远远躲开,谁都拿他当祸害。

有一次周处见了乡亲,很热情地上前搭话。谁知道,人们见了他都奔跑躲避。周处拽住一个人问:"现在政事清明,天下安定,收成又不错,你们为什么愁眉苦脸的呢?"那人感叹道:"天下还有三个祸害,我们怎么高兴得起来呢?"周处问:"哪三个祸害?"那人说:"南山有白额猛虎,长桥下有蛟龙。你能除掉吗?"周处说:"这样的祸害不足为虑,我能够除掉它们。"百姓们听闻此言,都说:"要是你能除掉三害,那就是我们郡县的一大幸事了。"

周处于是收拾好家伙,进入深山里射死了猛虎。之后,他又到水中同蛟龙搏斗,谁知道那蛟龙力大无比,拽着周处在水中浮浮沉沉,游了十几里路。周处一直拿剑刺杀蛟龙,经过三天三夜的搏斗,终于杀死了它。

四方百姓开始见到周处同蛟龙沉入水中,以为周处和蛟龙都死了,三害皆除,高兴不已,奔走相告,纷纷庆贺。等到周处回乡,听说人们因为他死了而庆贺,得知自己也是三害之一,十分伤心,便去寻找当时的大儒陆机、陆云。

周处见到了陆云,告诉他自己的事情,并说:"我本来想修养自身的操行,可是我已经快二十岁,又为乡里人所不容,恐怕为时已晚。"陆云说:"古人认为,朝闻道,夕死可也。你应该担心的是志向不立,如果立下了志向,又何必要忧虑其他事情呢?"

听了这话,周处心中豁然开朗,于是便磨砺意志,奋发苦学,按照古圣先贤的教导克制自己,遵守仁义之道,言必信,行必果。州县百姓起初不相信周处真的改过了,周处也不气恼,仍旧按照圣贤标准要求自己。一年之后,周处出仕,后来担任东观左丞。他将政务处理得井井有条,治下百姓交口称赞。

弟子规

泛爱众

第三十四课

凡是人　　皆须爱①
天同覆②　　地同载③
行④高者　　名⑤自高
人所重⑥　　非貌⑦高
才大者　　望⑧自大
人所服⑨　　非言⑩大

弟子规

> 注　释

①爱：关爱，爱护。

②覆：遮盖。

③载：承载。

④行：品德，品行。

⑤名：名声，名誉。

⑥重：看重，敬重。

⑦貌：外貌，外表。

⑧望：名望，声望。

⑨服：佩服。

⑩言：说的话。

译 文

对于大众要有关怀爱护之心,人与人之间应该和睦相处,因为我们都生活在同一片蓝天下,同一块土地上。

品行高尚的人,名声自然高。人们所敬重的是他的德行,并不是看他的外貌是否出众。

才能大的人,声望自然高。人们所欣赏佩服的是他的真才实学,不是看他是否言辞惊人,夸夸其谈。

故事链接

伯夷、叔齐不食周粟

商朝末年,孤竹君有三个儿子,长子叫伯夷,小儿子叫叔齐,兄弟间相亲相爱,关系十分融洽。本来王位理所应当传给长子伯夷,但是孤竹君认为老三叔齐更适合坐上王位,于是立叔齐为继承人。孤竹君死后,叔齐于心不安,想让位给伯夷,伯夷不受,逃出都城。叔齐觉得是自己抢夺了哥哥的位子,也跟着逃出了都城。于是孤竹国民众只好推举孤竹君的二儿子继承了王位。

当时商纣王昏庸无道,百姓怨声载道,民不聊生。伯夷和叔齐逃出都城,隐居在渤海之滨,等待清平之世到来。后来兄弟俩听说周族在西方强盛起来,周文王是位有德之人,便长途跋涉来到周的都邑。可是这个时候周文王已死,继位的是武王。两人觉得这不是他们追求的仁德,于是再次隐居。

武王伐纣推翻了商朝，平定天下，伯夷和叔齐觉得武王的行为不义，所以武王虽然仰慕他们的贤德，再三派人相召，他们也不愿意出山。因为当时天下都归了周朝，兄弟二人便发誓不再吃周朝的粮食。他们隐居在首阳山，靠挖山上的野菜为生。

弟子规

第三十五课

jǐ yǒu néng　　　wù zì sī
己有能①　　勿自私②

rén suǒ néng　　wù qīng zǐ
人所能　　　勿轻訾③

wù chǎn fù　　　wù jiāo pín
勿谄④富　　勿骄⑤贫

wù yàn gù　　　wù xǐ xīn
勿厌故⑥　　勿喜新

注　释

①能：才能，能力。

②私：保守。

③訾：诋毁，说人坏话。

④谄：奉承，巴结。

⑤骄：在别人面前骄傲自大。

⑥故：老朋友。

译　文

自己有能力，不要自私保守；看到别人有才华，应该多加赞美肯定，不要因为嫉妒而贬低别人。

不要去讨好、巴结富有的人，也不要在贫穷人的面前表现出骄傲自大的样子；不厌恶、不嫌弃老朋友，也不要一味地喜爱新朋友。

故事链接

富贵不忘老友

西汉末年,刘秀外出求学,与严光做了同学,两人意气相投,很快便成为好朋友。当时刘秀没有身份地位,而严光很有名望,刘秀常为自己能够结交到严光感到自豪。

后来刘秀起兵反王莽,严光也积极拥护他,为他出谋划策。王莽被杀,新朝灭亡,刘秀做了皇帝。当时跟随刘秀的那些人都做了大官,光宗耀祖,可严光对此不感兴趣。他趁没人注意的时候易名改姓,隐居他乡了。

做了皇帝的刘秀一直记挂着老友严光,令人张榜四海查寻。五年后,有人见到严光,刘秀急命人将严光请到洛阳,安顿下来。刘秀自己穿戴整齐去看望严光,严光还在床上睡觉,根本没起身。

刘秀走到床前问严光为什么不肯助他管理天下,严光躺在床上说人各有志,他不想辅佐君王治理天下。刘秀心中非常遗憾,但还是恭恭敬敬地将严光请到宫中,同他叙旧。聊得太晚了,两人就同榻而卧。

刘秀封严光为谏议大夫,严光不愿意,也没磕头称谢。没多久,严光也没跟刘秀辞行,一个人回到桐庐富春山中,过着垂钓生活。

刘秀后来又多次请严光出山,严光不为所动,在外闲居数年之后,回归故里,八十岁时在家中去世。后来,士子都很仰慕严光,认为他高风亮节,不为名利所拘。

第三十六课

人不闲① 勿事搅②

人不安③ 勿话扰④

人有短⑤ 切莫揭

人有私⑥ 切莫说⑦

注 释

①闲：空闲。

②搅：打搅。

③安：安定。

④扰：干扰，打扰。

⑤短：缺点。

⑥私：指个人秘密。

⑦说：这里指到处宣扬。

译 文

别人有事，忙得没有空暇时，就不要去打搅；别人心里焦急不安时，就不要用闲言碎语干扰他。

别人有缺点，我们不要当众揭露出来；别人有秘密不想让人知道，我们就不要到处去宣扬。

故事链接

文征明不道人短

文征明是明代的著名书法家、文学家,长洲人,因为才学过人,被推为"吴中四才子"之一。当时仰慕他的人非常多,不少人前来向他求教。

他这个人很注重德行的培养,尤其重口德,生性不喜欢听人议论别人的缺点过失。如果有人在他面前提起某人的不足和错误,他总是巧妙地用其他话头引开。这样,对方即便想说也说不了了。

当时的宁王朱宸濠,权大势大,很想把文征明招募到自己门下,多次命人来邀请,文征明都婉言谢绝了。后来,宁王派使者专程上门看望文征明,并带来宁王给他写的书信,还带来了不少金币做聘礼。

可是使者到了文家连文征明的面都没见着,文征明借口病重,躺在床上不起身,金币不收,信也不回。

等宁王的使者走后,朋友中有人劝他道:"宁王是如今天下众望所归的人,不知道多少人想要投到他门下呢。他请先生您去做官,您就不能学学枚乘和司马相如,在藩王府里游乐享受吗?"

文征明笑而不答,依然同以前一样,专注于学问和品德修养。只要有人跟他提起到宁王处做官的事情,他都摇头表示拒绝。

后来,宁王因谋反而身败名裂,人们这才知道文征明不仅高洁自持,而且卓见非凡,对他更加尊崇!

第三十七课

道①人善　即是善
人知之　愈思勉②
扬人恶　即是恶
疾之甚　祸且③作④
善相劝　德皆建
过不规　道两亏
凡取与　贵分晓
与宜多　取宜少

注　释

①道：说，赞美。

②勉：尽力，努力。

③且：就，不久。

④作：兴起，产生。

译 文

赞美别人的美德，这也是一种美德；因为对方听到你的赞扬后，就会更加勉励自己。

宣扬别人的过失或缺点，就是在做坏事；如果批评指责得太过分，就会招来灾祸。

朋友之间应该互相规过劝善，共同建立良好的品德修养。如果有错不能互相规劝，两个人的品德都会有缺陷。

财物的取得与给予，一定要分辨清楚，宁可多给别人一些，自己少拿一些，才能广结善缘，与人和睦相处。

故事链接

灌夫妄言招祸

灌夫是汉朝一员大将，勇猛善战，为人刚强爽直，但豪饮，好发酒疯，不喜欢奉承人。对皇亲国戚及有势力的人，他不但不对他们表示尊敬，反而总设法去冒犯他们；对贫贱之士却恭敬有加，平等相待。士人们也因此推崇他。

有一次，灌夫与长乐宫卫尉窦甫饮酒，喝多了，一时兴起，把平时看不顺眼的窦甫按倒在地，狠狠揍了一顿。窦甫是窦太后的兄弟，太后心疼自己的兄弟，要拿灌夫治罪。汉武帝怕太后斩杀灌夫，改任他为燕国宰相。

几年后，灌夫因为犯法被免去官职，只能以百姓身份在长安居住。但他家产数千万，又尚游侠，食客每日数十人甚或上百人，横暴颍川郡。灌夫同魏其侯窦婴结交，关系非常融洽。

在丞相田蚡的婚宴上，因田蚡、程不识和灌夫本家的灌贤看不起他与窦婴，灌夫当场痛骂诸人，甚至将田蚡平日所做坏事全都抖了出来。一时间，气氛尴尬，婚宴不欢而散。

田蚡对灌夫怀恨在心。

田蚡是皇帝的舅父，财雄势大，对付灌夫自然不在话下。加上灌夫又同窦婴交情甚好，而田蚡与窦婴是政敌，所以灌夫成了田蚡的眼中钉肉中刺。后来灌夫被处死，不光他一人，全家都被处死。这就是灌夫妄言招致的灾祸。

第三十八课

将①加人　先问己

己不欲②　即速已③

恩④欲报　怨⑤欲忘

报怨短⑥　报恩长

弟子规

注　释

①将：将要，即将。

②己不欲：自己不喜欢的事情。

③已：停止。

④恩：恩惠。

⑤怨：怨仇。

⑥短：指短期。

译　文

事情要加到别人身上之前（要托人做事），先问一问自己是不是愿意；如果自己不愿意，就应立刻停止。

别人对自己有恩惠，应时时想着回报人家；和人结了怨仇，应该想办法早点儿忘掉仇恨。对别人的怨恨不要老放在心上，但是报答别人的恩情却要长存不忘。

故事链接

以德报怨

在魏国边境靠近楚国的地方有一个小县,一个叫宋就的大夫被派往这个小县去做县令。两国交界的地方住着两国的村民,而且村民们都喜欢种瓜。这一年的春天,两国的村民们又都种下了瓜种。

不巧,这年春天天气比较干旱,由于缺水,瓜苗长得很慢。魏国的村民很勤劳,相比之下,楚国的村民就有些懒惰。魏国的一些村民担心这样旱下去会影响收成,就组织一些人,每天晚上到地里挑水浇瓜。连续浇了几天,魏国村民的瓜地里,瓜苗长势明显好起来,比楚国村民种的瓜苗要高不少。

楚国的村民一看到魏国村民种的瓜长得又快又好,非常嫉妒,有些人晚间便偷偷潜到魏国村民的瓜地里去踩瓜秧。

魏国村民非常气愤,计划实施报复去踩楚国村民的瓜秧。宋县令听闻,忙请村民们消消气,让他们都坐下,然后语重心长地对他们说:"我看,你们最好不要去踩他们的瓜地。"

村民们当时气愤已极,哪里听得进去,纷纷嚷道:"难道我们怕他们不成,为什么让他们如此欺负我们?"

宋县令就摇摇头,耐心地说:"如果你们一定要去报复,最多解解心头之恨,可是,以后呢?他们也不会善罢甘休,如此下去,双方互相破坏,谁都不会得到一个瓜的收获。"

村民们皱紧眉头问道:"那我们应该怎么办呢?"

宋县令就说:"你们每天晚上去帮他们浇地,结果怎样,你们自己就会看到。"

村民们只好按宋县令的意思去做,楚国的村民发现魏国村民不但不记恨,反倒天天帮他们浇瓜,惭愧得无地自容。

这件事后来被楚国边境的县令知道了,便将此事上报给楚王。楚王原本对魏国虎视眈眈,听了此事之后,深受触动,甚觉不安。于是,楚国主动与魏国和好,并送去很多礼物,对魏国有如此好的官员和国民表示赞赏。

魏王见宋就为两国的友好往来立了功,也下令重重地赏赐宋就和他的百姓。

弟子规

第三十九课

待婢①仆　　身贵端②
虽贵端　　慈③而宽
势④服人　　心不然⑤
理⑥服人　　方无言

注　释

①婢：旧时供有钱人役使的女子。

②贵端：以端庄为贵。

③慈：仁慈。

④势：权势。

⑤然：认为是对的，认可。

⑥理：道理，真理。

译　文

对待家中的婢女和男仆，可贵的是注重自己的品行端正；虽然品行端正很重要，但如果能进一步做到仁慈宽厚，那就更加完美了。

如果倚仗权势逼迫别人服从，对方虽然表面上不敢反抗，心中却难免有些不服；只有以道理感化对方，才能让人心悦诚服而没有怨言。

故事链接

宽以待人

刘宽是东汉华阴人,字文饶,为人有德量,涵养深厚。有一次,刘宽乘牛车外出,遇见有人遗失牛,找上刘宽的牛车来辨认,刘宽默默不言,随即下车徒步回家。经过片刻,失牛人找到了自己的牛,亲自送还牛车,并向刘宽叩头谢罪说:"我很羞惭,愧对长者,愿任随长者处罚。"刘宽和颜悦色地说:"世间相似之物很多,容易认错,烦劳你送回来,这有什么好谢罪的呢?"邻里都佩服、称赞他这种不与人计较的德量。

汉桓帝时,朝廷征召刘宽为尚书令,又升任南阳太守,掌理三郡。刘宽办理政事仁厚宽恕,属下官吏有了过错只以薄鞭轻罚,以示耻辱而已。

推行政事有功,刘宽皆让给属下,灾殃变异出现,便引咎负责。刘宽见了父老便慰问乡里及农田之事,遇见少年便勉励他们善事兄长。百姓感念他的德政,渐渐深受感化。

刘宽性情温良,似乎从未发过脾气,即使在急迫匆忙时,也未曾见他容色严厉,言辞急迫。刘宽的夫人也感到奇异,为了试探他的度量,便想激他愤怒。有一次,正当刘宽衣冠装束整齐要赴朝会时,夫人命侍婢奉肉羹进入,故意翻倒并玷污了刘宽的朝服。刘宽神色不变,仍然关心地慰问侍婢说:"肉羹是否烫伤了你的手?"他的宽宏度量竟然到此程度,海内闻风都尊称他为"宽厚长者"。

到了汉灵帝时,刘宽官至光禄勋,被封为逯乡侯,其子刘松官为宗正(管宗籍)。

弟子规

亲 仁

第四十课

同①是人　类②不齐
流俗③众　仁者④希
果⑤仁者　人多畏⑥
言不讳⑦　色不媚

注 释

①同：同样。

②类：种类，型。

③流俗：随大流的人，世俗之人。

④仁者：指品德高尚的人。

⑤果：真正的。

⑥畏：敬畏。

⑦讳：隐瞒，忌讳。

译 文

同样都是人，品行高低却不一样；跟着世俗走、品行一般的人占多数，而有仁德、品行高尚的人却很稀少。

对于一个真正有仁德、品行高尚的人，大家自然敬畏他，因为其说话不会故意隐瞒扭曲事实，也不会故意向人谄媚讨好。

故事链接

齐景公施行仁政

春秋时候,有一年冬天天降大雪,一连下了三天,而且没有停止的迹象。

齐景公披着狐皮衣服,坐在厅堂台上,厅堂里架着火堆。大臣晏婴有事求见,在厅堂里站了一段时间。景公对晏婴说:"真奇怪!明明下了三天大雪,可这天气却没见得有多冷。"

晏婴回答:"天气真的不冷吗?我听说古代贤明的君主吃饱会知道人民的饥饿,穿暖了会知道人民还在受冻,安乐时会知道人民在辛勤劳作。现在的君王却不知道百姓正在受冻啊!"

景公听了这话,若有所思,说:"说得好!我听从你的建议。"于是下令国库拨款,给那些忍饥挨饿的穷苦百姓分发皮衣和谷物。

景公一直体恤民众,关心臣子,虚心听取大臣的意见,重民生息,所以他在位时国家安定富强,人民生活安乐。

第四十一课

能亲仁① 无限好
德日②进 过日少
不亲仁 无限害③
小人进 百事④坏

注 释

①亲仁:亲近仁者。
②日:每天。
③害:祸害,害处。
④百事:指所有的事。

译 文

能够亲近品行高尚的人,向他学习,就会得到无限的好处,因为这样自己的品德就会一天天进步,过错也就跟着一天天减少。

如果不肯亲近品行高尚的人,无形中就会产生许多害处,小人就会乘虚而入,围绕身旁,我们的言行肯定会受到他们的影响,导致所有的事情都往不好的方向发展。

弟子规

故事链接

孟母三迁

　　孟子是战国时期的大思想家。孟子从小丧父,全靠母亲仉氏一人日夜纺纱织布,挑起生活重担。仉氏是个勤劳而有见识的妇女,她希望自己的儿子读书上进,早日成才。

　　一次,孟母看到孟子在跟邻居家的小孩儿打架,孟母觉得这里的环境不好,于是带着孟子搬家了。

　　这次她把家搬到了荒郊野外。一天,孟子看到一溜穿着孝服的送葬队伍,哭哭啼啼地抬着棺材来到坟地,几个精壮小伙子用锄头挖出墓穴,把棺材埋了。他觉得挺好玩,就模仿着他们的动作,也用树枝挖开地面,认认真真地把一根小树枝当作死人埋了下去。直到孟母找来,才把他拉回了家。

　　孟母认为这个地方不适合孟子居住,于是带着孟子搬到了集市。到了集市,孟子又学起了商人做生意。孟母知道了,觉得这个地方也不适合孟子居住。

　　孟母第三次搬家了。这次他家隔壁是一所学堂,有个胡子花白的老师教着一群大大小小的学生。老师每天摇头晃脑地领着学生念书,那拖腔拖调的声音就像唱歌,调皮的孟子也跟着摇头晃脑地念了起来。孟母以为儿子喜欢念书了,高兴得很,就把孟子送去学堂上学。

　　可是有一天,孟子逃学回到了家。孟母正好在织布,见他逃学回来,就用剪刀把织的布全剪断了,说:"读书求学不是一两天的事,就像我织布,必须从一根根线开始,然后一寸一寸地

才能织成一匹布，而布只有织成一匹了才有用，才可以做衣服。读书也是这个道理，如果不能持之以恒，像你这样半途而废、浅尝辄止，以后怎能成才呢？"

孟子看到此情景吓得愣住了。这一次，孟子心里真正受到了震动。他认真地思考了很久，终于明白了道理，从此专心读起书来。由于他天资聪明，后来又专门跟孔子的孙子子思学习，终于成了儒家学说的主要代表人物。

弟子规

余力学文

第四十二课

弟子规

bú lì xíng
不力行①

dàn xué wén
但②学文

zhǎng fú huá
长③浮华　

chéng hé rén
成何人

dàn lì xíng
但力行　

bù xué wén
不学文

rèn jǐ jiàn
任④己见　

mèi lǐ zhēn
昧⑤理真

注 释

①力行：勉力从事，努力去做。

②但：只，仅仅。

③长：滋长。

④任：听凭。

⑤昧：蒙蔽，不明。

译 文

只是一味地死读书却不去实践，即使具备某些知识，也只是增长了自己虚浮不实的习气，怎能成为一个真正有用的人！

如果只懂得卖力做事，却不肯读书学习、研究学问，就容易凭着自己浅薄的见识行事，这样就永远不会明白真正的道理。

故事链接

纸上谈兵

赵括是战国时期赵国大将赵奢的儿子,赵奢有勇有谋,征战沙场多年,经验丰富。他的儿子赵括从小就熟读兵法,讲起来头头是道,自以为对用兵之道了如指掌。父亲赵奢对此很不以为然,告诉他,真正的疆场与书上所说有很大不同。

赵奢去世前,反复叮嘱夫人,儿子赵括只会纸上谈兵,没有实战经验,千万不可带兵打仗。

后来秦国攻打赵国,赵国派大将廉颇上阵杀敌。廉颇是出了名的老将,战争经验丰富。当时秦国兵力强盛,赵国根本无法与其正面交锋,于是廉颇坚守不出,保存实力。秦国的屡次进攻都被廉颇挡了回去,秦国十分懊恼。

秦国见难以攻克廉颇的坚守,便派人在赵国散布流言,说廉颇年纪太老,已经不能杀敌了,赵国要是想要击退秦国,一定要赵括带兵。赵王听信流言,就想换掉廉颇,让赵括出战。

赵括的母亲牢记丈夫的叮嘱,向赵王恳请,说赵括没有经验,不能上阵带兵。但是赵王不听劝阻,执意换下廉颇,由赵括担任主将。

赵括带领赵国四十万大军,雄心勃勃地上战场,结果刚上战场就中了秦军的埋伏。赵国军队被秦军围困,切断粮草和救兵,赵括想带兵冲出重围,被秦军射死。其他将士听说主将被杀,也纷纷扔下武器投降。赵国的四十万大军一下子就全部覆没在光会纸上谈兵的主帅赵括手中。

第四十三课

读书法① 有三到
心眼口 信②皆③要
方④读此 勿慕⑤彼
此未终⑥ 彼勿起

注　释

①法：方法。
②信：确实。
③皆：都。
④方：正在。
⑤慕：想念。
⑥终：结束。

译　文

读书的方法要注重三到：心到、眼到、口到，也就是用心想、仔细看、专心读。这三到都要实实在在地做到。

正在读这本书，就不要想着其他的书；这本书还没有读完，就不要去看另一本书。

弟子规

故事链接

圆木警枕

司马光从小就爱读书,刻苦勤奋。他觉得自己记忆力不行,背课文、记生字总是没有别人快,就暗自说:"让我下苦功,来增强记忆力吧!"于是,他试着对课文多念多背,别人背两遍三遍,他要背五遍六遍。

这样一来,他的时间就不够用了。放学后,他得挤出时间来读书。特别是晚上,玩耍一阵后他便读起书来,这一读就要读到很晚,到第二天还要早早地起床进行晨读。由于晚上睡得迟,他常常睡过头,耽误了早晨读书。"用什么办法来解决这个问题呢?"他想让母亲来喊醒自己,但母亲心疼他,不想让他读书读得这么苦。

有一天,司马光看见后院的一段圆木头,灵机一动,心里想:"有办法了!"于是,司马光把圆木头擦干净,放在床上当枕头。他枕着圆木头睡,一翻身,圆木头就滚动起来,把他惊醒了。这样,他就不会睡过头了。

有一天,妈妈在床上发现了这根圆木头,正想扔掉,司马光赶紧向母亲解释。母亲听他一解释,感动地说:"孩子,用功读书是好事,但也不要累坏了身体呀!"

司马光回答:"母亲放心,孩儿不是小傻瓜,不会累坏身体的。"

由于发奋学习,司马光十五岁时已博览群书。长大后,他当上宋朝大臣,主编了著名的编年体史书——《资治通鉴》。

第四十四课

宽为限① 紧用功②
工夫到 滞塞③通
心有疑 随札④记
就人问 求确义

注释

①为限：这里指计划读书的期限。
②用功：这里指实施读书计划。
③滞塞：这里指困顿疑惑之处。
④札：古代写字用的小而薄的木片。

译文

在制订读书计划时，不妨把时间放宽松一些，实际执行时，就要抓紧时间用功。日积月累，只要工夫到了，原来不懂的地方也就迎刃而解了。

在求学过程中，心里有了疑问的地方，就应随时用笔把问题记下来，向有关师长请教，寻求正确答案。

故事链接

赵普夜读

赵普在五代后周时期跟随赵匡胤，同他一起出生入死。一开始赵普并没读过多少书，也没多大的学问，时常闹出笑话。赵匡胤告诉他，只有多读书才能有学问，才能明白天下大事。赵普听了，下定决心要好好读书。

赵普读书十分用功，他知道天下书浩如烟海，一生不可能都读完，于是就从最经典的书入手，一本一本啃下去，学问逐渐加深。他为赵匡胤出谋划策，立下不少功劳。

后来赵匡胤做了皇帝，封赵普为宰相。虽然日理万机，公事繁忙，但赵普仍然坚持读书，手不释卷。白天没有时间看书，他就利用晚上的时间认真阅读。

有一天晚上，赵匡胤有紧急国事要和文武百官商量，可是他们都退朝回家了，赵匡胤就到赵普府上去找他。刚进门，赵匡胤就发现赵普还在挑灯夜读，便问他读的是什么书。赵普回答说是《论语》。赵匡胤很是奇怪，说："《论语》是小孩子们刚入学时读的书，你都是宰相了，为什么还要读它？"

赵普回答说："别看《论语》简单，里头可包含着治国平天下的大道理。我只用了半部《论语》就帮您打下江山，现在还要用半部《论语》来帮您治理江山。"

赵匡胤听后感慨不已。

第四十五课

房室清① 墙壁净

几案②洁 笔砚正③

墨④磨⑤偏 心不端

字不敬 心先病⑥

注释

①清：清洁。

②几案：案桌，桌子。

③正：端正。

④墨：书画所用的黑色颜料，用松烟等原料制成。

⑤磨：研磨。

⑥病：心神散乱，浮躁不安。

译文

书房要清雅安静，四周墙壁要保持干净；书桌要清洁整齐，所用的笔和砚台也要摆放端正。

在砚台上磨墨，如果墨磨偏了，就是态度不端正；写出来的字歪歪斜斜，就表示你浮躁不安。

弟子规

故事链接

一屋不扫，何以扫天下

东汉时期有一个叫陈蕃的人，出生在汝南平舆，也就是今天的河南平舆北一带。陈蕃祖上是河东太守，他自己从小就立下大志向，将来要济世救人、名动天下。十五岁那年，陈蕃为了刻苦攻读，独自住在城内的一所房子里。

一次，他父亲同城的朋友薛勤过来看望他。刚走进院子里，薛勤就吓坏了，只见满院的杂草落叶，混着各种垃圾，散发出阵阵难闻的味道。薛勤见到这种情况，忍不住劝陈蕃说："你这个孩子，听说有客人来，怎么不打扫院子，布置好等客人到？"陈蕃握着一卷书，满不在乎地说："我是顶天立地的大丈夫，以后是要扫除天下的，怎么能够让我来打扫这小小的屋子呢？"

薛勤见陈蕃这样说，当即反问他："连一个院子你都不能打扫，将来怎么去扫除天下呢？"

陈蕃听了无言以对，心生惭愧，默默地拿起扫把清扫起院子来。

后来陈蕃被举为孝廉，出仕为官。他清正廉洁，注重严刑峻法，所到之处，民众和小官员都十分怕他，他治理的地方也都太平无事。

第四十六课

liè diǎn jí
列①典籍

yǒu dìng chù
有定处②

dú kàn bì
读看毕③

huán yuán chù
还原处

suī yǒu jí
虽有急④

juàn shù qí
卷⑤束⑥齐

yǒu quē huài
有缺坏

jiù bǔ zhī
就补之

弟子规

注 释

①列:摆放。

②处:地方。

③毕:完毕,结束。

④急:紧急。

⑤卷:书卷,书册。

⑥束:捆住,系。

译 文

摆放书籍要有固定的地方;读完以后,必须立刻归还原处。

即使发生紧急的事,也要先把书收拾整齐;遇到书本有残缺损坏时,应立刻补好,保持完整。

故事链接

韦编三绝

孔子名叫孔丘,春秋时期鲁国人,从小酷爱读书学习,十分崇拜周朝初年那位制礼作乐的周公,对古礼特别熟悉,对当时读书人应该学习的"六艺",也就是礼节、音乐、射箭、驾车、书写、计算,都十分精通。

孔子一向注重礼仪教化,当时的学堂由国家开设,只有贵族子弟才有资格学习,普通老百姓家的孩子根本没有入学的资格,对礼义方面也知之甚少。孔子于是开门讲学,远近有志向的学子都来拜投到他门下,跟从他学习礼仪文化。据说孔子有七十二个得意门生,弟子三千多人。

当时是春秋末年,社会动荡,周王室衰微,各诸侯国间争权夺利,经常出现战争。孔子本来有满腔的抱负,想要匡扶天下,让人民都过上安定统一的生活。一开始在鲁国,他的政治主张不被鲁定公接受,孔子十分失望,于是离开鲁国,带着一帮弟子周游列国。

孔子在列国奔波了七八年,希望能够实现周朝初年礼乐制度的政治主张。谁知道,当时的各诸侯国都卷入了吞并与被吞并的浪潮中,孔子的主张被贵族们认为是不切实际的瞎想,他的政治理想无法得以实现。

孔子看透了这个社会,于是回到鲁国旧居,将全部精力都放到整理古代文化典籍和教育上。孔子晚年还整理了几种重要的古代文化典籍,像《诗经》《尚书》等,并把鲁国史官所记的《春秋》加以删改编订,成为我国第一部编年体的历史著作。

　　因为当时的书都是用熟牛皮绳子穿起竹简木片,竹简上刻着文字,搬动起来十分费劲。孔子整理书籍需要大量的竹简,可是他将所有需要用的书都按照一定的顺序摆放整齐,丝毫不乱。传说他晚年喜读《周易》,曾经翻来覆去地读,竟使编联《周易》的牛皮绳子(韦编)断了好几次。

弟子规

第四十七课

　非圣书　　屏①勿视
　蔽②聪明　　坏心志③
　勿自暴④　　勿自弃⑤
　圣与贤　　可驯⑥致

注　释

①屏：摒弃，撇开。

②蔽：蒙蔽。

③心志：意志，志气。

④暴：糟蹋，损害。

⑤弃：鄙弃，自己瞧不起自己。

⑥驯：渐进。

译　文

如果不是传输圣贤道理的书，也就不是高雅有益的书，一律撇开不要读；那种书里不正当的事理会蒙蔽我们的聪明智慧，败坏我们纯正的志向。

遇到困难或挫折不要自暴自弃，也不要自甘堕落而放弃努力；圣贤的境界虽高，但只要追求上进，按部就班，循序渐进，人人都可以达到。

故事链接

陆倕读书

陆倕,字佐公,吴郡吴县(今江苏苏州)人,晋太尉陆玩的六世孙,"竟陵八友"之一。祖父陆子真,是南朝宋东阳太守。父陆慧晓,是南朝齐太常卿。

陆倕年少好学,会写文章。六岁时,父亲在院内给他盖了两间茅屋,他便与外人杜绝往来,昼夜读书其中,如此数年。陆倕记忆力惊人,可以将《汉书·五行志》默写一遍。他还工于行、草书,写过《感知己赋》送给好友任昉。陆倕曾在齐、梁二朝当官。梁武帝令他作《新刻漏铭》《石阙铭》,载于《文选》,称其"辞义典雅,足为佳作",并赐绢三十四。迁太子庶子、国子博士,后以母忧去职。陆倕卒于梁普通七年。

陆倕自幼喜爱读书,其父把先秦两汉诸子百家的各类书籍都弄来摆在小茅屋里,让陆倕随时翻阅,但唯独没有《汉书》。陆倕听说不读《史记》和《汉书》不能称为学者,便要求父亲借本《汉书》来读。借回的《汉书》该还了,陆倕却找不到《汉书》中的四卷《五行志》了。父亲每天都追索四卷《五行志》的下落,幸亏陆倕已将《汉书》背熟了,他将所缺的章节默写出来,这才还给了人家。

弟子规

打造学术精品　服务教育事业
河南大学出版社
读者信息反馈表

尊敬的读者：

感谢您购买、阅读和使用河南大学出版社的 ＿＿＿＿＿＿ 一书，我们希望通过这张小小的反馈表来获得您更多的意见和建议，以改进我们的工作，加强我们双方的沟通和联系。我们期待着能为您和更多的读者提供更多的好书。

请您填妥下表后，寄回或发 E-mail 给我们，对您的支持我们不胜感激！

1. 您是从何种途径得知本书的：
　　□书店　□网上　□报刊　□图书馆　□朋友推荐
2. 您为什么决定购买本书：
　　□工作需要　□学习参考　□对本书感兴趣　□随便翻翻
3. 您对本书内容的评价是：
　　□很好　□好　□一般　□差　□很差
4. 您在阅读本书的过程中有没有发现明显的专业及编校错误？如果有，它们是：
　　＿＿＿＿＿＿＿＿＿＿＿＿＿＿＿＿＿＿＿＿＿＿＿＿＿＿＿＿＿＿＿＿
　　＿＿＿＿＿＿＿＿＿＿＿＿＿＿＿＿＿＿＿＿＿＿＿＿＿＿＿＿＿＿＿＿
　　＿＿＿＿＿＿＿＿＿＿＿＿＿＿＿＿＿＿＿＿＿＿＿＿＿＿＿＿＿＿＿＿
5. 您对哪一类的图书信息比较感兴趣：＿＿＿＿＿＿＿＿＿＿＿＿＿＿＿
　　＿＿＿＿＿＿＿＿＿＿＿＿＿＿＿＿＿＿＿＿＿＿＿＿＿＿＿＿＿＿＿＿
6. 如果方便，请提供您的个人信息，以便于我们和您联系(您的个人资料我们将严格保密)：
　　您供职的单位：＿＿＿＿＿＿＿＿＿＿＿＿＿＿＿＿＿＿＿＿＿＿＿＿
　　您教授的课程(老师填写)：＿＿＿＿＿＿＿＿＿＿＿＿＿＿＿＿＿＿
　　您的通信地址：＿＿＿＿＿＿＿＿＿＿＿＿＿＿＿＿＿＿＿＿＿＿＿＿
　　您的电子邮箱：＿＿＿＿＿＿＿＿＿＿＿＿＿＿＿＿＿＿＿＿＿＿＿＿

请联系我们：
电话:0371-86059712　0371-86059752　0371-86059715
传真:0371-86059713
E-mail:hdgdjyfs@163.com
通信地址:河南省郑州市郑东新区 CBD 商务外环路商务西七街中华大厦 2412 室
河南大学出版社高等教育与职业教育出版分社